COCODRILOS

Darla Duhaime

Rourke
Educational Media

rourkeeducationalmedia.com

Escanea el código para descubrir títulos relacionados y recursos para los maestros

Enfoque de la enseñanza

Comprensión de lectura: Utilice estrategias de comprensión específicas, como el uso de la estructura de la historia, para ayudar a que los estudiantes aumenten su comprensión de la lectura.

Antes de leer:

Construcción del vocabulario académico y conocimiento del trasfondo

Antes de leer un libro, es importante que prepare a su hijo o estudiante usando estrategias de prelectura. Esto les ayudará a desarrollar su vocabulario, aumentar su comprensión de lectura y hacer conexiones durante el seguimiento al plan de estudios.

1. Lea el título y mire la portada. *Haga predicciones acerca de lo que tratará este libro*.
2. Haga un «recorrido con imágenes», hablando de los dibujos/fotografías en el libro. Implante el vocabulario mientras hace el recorrido con las imágenes. Asegúrese de hablar de características del texto tales como los encabezados, el índice, el glosario, las palabras en negrita, los subtítulos, los gráficos/diagramas o el índice analítico.
3. Pida a los estudiantes que lean la primera página del texto con usted y luego haga que lean el texto restante.
4. Charla sobre la estrategia: úsela para ayudar a los estudiantes mientras leen.
   - Prepara tu boca
   - Mira la foto
   - Piensa: ¿tiene sentido?
   - Piensa: ¿se ve bien?
   - Piensa: ¿suena bien?
   - Desmenúzalo buscando una parte que conozcas
5. Léalo de nuevo.

Área de contenido Vocabulario

Utilice palabras del glosario en una frase.

eclosionar
fosas nasales
medio ambiente
resollar

Después de leer:

Actividad de extensión y comprensión

Después de leer el libro, trabaje en las siguientes preguntas con su hijo o estudiantes para comprobar su nivel de comprensión de lectura y dominio del contenido.

1. ¿Cuáles son las tres cosas que todos los reptiles tienen en común? *(Resuma)*.
2. ¿Respirar aire te convierte en un reptil? *(Haga preguntas)*.
3. Nombra dos cosas que te hagan diferente de los reptiles. *(Texto para conectar con uno mismo)*.
4. ¿Cómo le ayuda la cara a un cocodrilo a permanecer casi siempre bajo el agua? *(Haga preguntas)*.

Actividad de extensión

¡Haz un títere de cocodrilo! Dibuja dos círculos en un pedazo de papel. Colorea los círculos para que se vean como ojos de cocodrilo y córtalos. Pega los ojos sobre la parte doblada de una pequeña bolsa marrón. Decora el resto de la bolsa para hacer la cara y el cuerpo del cocodrilo. La boca será la parte doblada de la bolsa. Mete la mano en la bolsa para hacer que tu títere se mueva y «hable».

Índice

Los cocodrilos son reptiles

Los reptiles son de sangre fría. Su temperatura corporal depende del **medio ambiente.**

Los cocodrilos son los reptiles más grandes de la Tierra. ¿Son de sangre fría?

Los cocodrilos viven en lugares cálidos.
¿Por qué no viven en lugares fríos?

Los cocodrilos no sudan. Abren la boca para refrescarse, como un perro **resollando.** ¿Un cocodrilo es un perro?

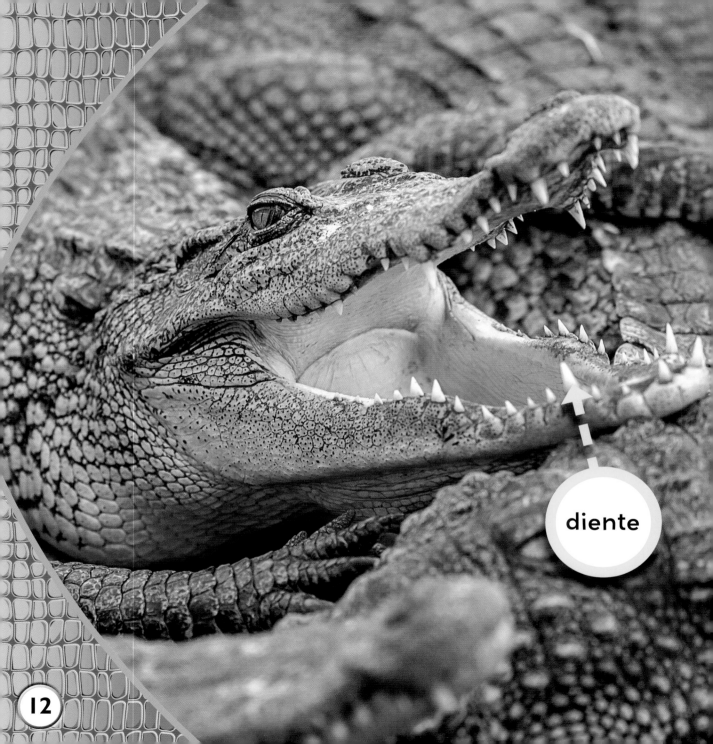

diente

Los reptiles tienen la piel seca y escamosa.
¿Qué tipo de piel tiene un cocodrilo?

huevo

Cocodrilos bebés

La mayoría de los reptiles ponen huevos. ¿Un cocodrilo pone huevos?

«¡Crac, crac!». Los bebés hacen ruido cuando están listos para **eclosionar.**

os reptiles tienen cola. Los cocodrilos
usan la cola para nadar rápido.

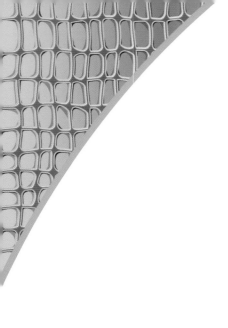

Los reptiles necesitan aire para respirar.
¿Los cocodrilos necesitan aire?

El cocodrilo respira aire a través de la boca y de las **fosas nasales.**

fosas nasales

Tú respiras aire a través de tu boca y de tus fosas nasales. ¿ERES un reptil?

Glosario fotográfico

 **eclosionar:** cuando un huevo eclosiona, se rompe y sale un reptil bebé o un ave.

 **fosas nasales:** dos aberturas en la nariz por las que fluye el aire.

 **medio ambiente:** el entorno natural de los seres vivos, como el aire, la tierra o el mar.

 **resollar:** respirar rápidamente por la boca.

Índice analítico

Sitios web (páginas en inglés)

www.ducksters.com/animals/reptiles.php

http://kids.sandiegozoo.org/animals/reptiles

http://easyscienceforkids.com/all-about-crocodilians

¡Conoce a la autora! (Página en inglés). www.meetREMauthors.com

Sobre la autora

A Darla Duhaime le fascinan todas las cosas geniales que pueden hacer los animales y la gente. Cuando no está escribiendo libros para niños, le gusta comer alimentos extraños, soñar despierta y observar las nubes. Le gusta mantenerse activa y es conocida por hacer que las reuniones familiares sean interesantes.

© 2018 Rourke Educational Media

www.rourkeeducationalmedia.com

PHOTO CREDITS: Cover © Bary Tuck, fishandfish; title page © Ammit Jack; page 5 © Tieatopoon; page 6, 12 © nattanan726; page 8 © Ondrej Prosick page 10 © Vangelis; page 14 © Catchlight Lens; page 16 © TheSnake19; page 18 © utopia_88; page 21 © Filipe Frazao; page 22 © Jani Bryson

Editado por: Keli Sipperley
Diseño de tapa por: Nicola Stratford - www.nicolastratford.com
Diseño de interiores por: Jen Thomas
Traducción: Santiago Ochoa
Edición en español: Base Tres

Library of Congress PCN Data

Cocodrilos/ Darla Duhaime
(Reptiles)
ISBN (hard cover - spanish) 978-1-64156-322-2
ISBN (soft cover - spanish) 978-1-64156-010-8
ISBN (e-Book - spanish) 978-1-64156-090-0
ISBN (hard cover - english)(alk. paper) 978-1-68342-155-9
ISBN (soft cover - english) 978-1-68342-197-9
ISBN (e-Book - english) 978-1-68342-225-9
Library of Congress Control Number: 2016956588

Printed in the United States of America,
North Mankato, Minnesota